Edition
sujet petite

www.sujet-verlag.de

Impressum

Titel der Originalausgabe:

الفتاةُ اللَّيلكيةُ

1 Auflage 2019, Tamar Institute for Community Education

Die Veröffentlichung dieser Übersetzung wurde durch
die finanzielle Unterstützung des Sheikh Zayed Book Award,
Department of Culture and Tourism / Abu Dhabi, ermöglicht.

جائزة الشيخ زايد للكتاب
Sheikh Zayed Book Award

CIP – Titelaufnahme in die Deutsche Nationalbibliothek
© 2021 by Sujet Verlag

Das lila Mädchen
Autorin: Ibtisam Barakat
Übersetzt aus dem Arabischen von Suleman Taufiq
Illustrationen: Sinan Hallak
ISBN: 978-3-96202-085-9
Lektorat: Monika Dietrich-Lüders
Layout der deutsch-arabischen Ausgabe: Ina Dautier
Druckvorstufe: Sujet Verlag, Bremen
Printed in Europe
1. Auflage 2021

www.sujet-verlag.de

Ibtisam Barakat

Das lila Mädchen

الفتاةُ اللَّيلكيةُ

Übersetzung aus dem
Arabischen von Suleman Taufiq

قصة: ابتسام بركات

رسومات: سِنان حلّاق

Illustrationen von Sinan Hallak

Tamara Al Akhals Talent war das Malen.

In hellen oder kräftigen Farben brachte sie

ihre Gefühle und Gedanken zum Ausdruck.

تمامُ الأكحلُ موهبتُها الرسمُ،

والتعبيرُ عن مشاعِرِها وأفكارِها

بالألوانِ الهامسةِ أو الصارخةِ.

Anstatt eine Geschichte zu erzählen,

malte sie ein Bild.

Mit Ölfarbe klagte sie über ihre Trauer

Oder erzählte von ihrer Freude.

فبدلاً من أن تقولَ قصةً،

ترسمُ تمامُ لوحةً تشكيليةً،

تشكي حزنَها أو تشاركُ فرحَها

عبرَ الألوانِ الزيتيّةِ.

In Tamaras Herzen gab es

Eine Farbe tiefer Traurigkeit.

Sie kam und ging wie

die Morgen- und Abenddämmerung.

في قلبِ تمامَ

لونُ حزنٍ عميقٍ

يشرقُ ويغربُ

مثلَ ألوانِ الشفقِ الشمسيَّةِ،

Diese Traurigkeit entstand durch ihre Sehnsucht nach ihrem alten Haus, wo sie zum ersten Mal ihre Liebe zum Malen entdeckt hatte.

هذا الحزنُ هو شوقُها

لبيتِها القديمِ، حيثُ اكتشفتْ

حبَّها للرسمِ لأولِ مرةٍ.

Aber das Haus von Tamara steht in Jaffa,

und Jaffa ist weit entfernt.

Flucht, Vertreibung und siebzig Jahre

Dunkelheit Trennen sie davon.

لكنَّ بيتَ تمامَ في يافا،
ويافا بعيدةٌ، تفصِلُها عنها
نكبةٌ ونكسةٌ وسبعونَ عاماً من الظُّلمةِ.

Tamara zeichnete

ihr Haus in ihrer Fantasie.

رسمتْ تمامُ بيتَها في خيالِها،

Einmal besuchte sie das Haus in der Nacht.

وذهبتْ تزورُهُ ذاتَ ليلةٍ.

Sie klopfte an die Tür,

Die Fenster zitterten und das Haus bebte.

Die Wände sagten der Decke,

die Küche sagte dem Schlafzimmer

und die Straße sagte zum Garten:

Tamara ist nach jahrelanger Abwesenheit

zurückgekommen!

طرقتْ على البابِ،

اهتزَّتِ النوافذُ

وسَرَتْ في البيتِ رعشةٌ.

الجدرانُ قالتْ للسقفِ،

المطبخُ قالَ لغرفةِ النومِ،

والطريقُ قالَ للحديقةِ:

حضرتْ تمامُ بعدَ غيابِ أعوامٍ!

Ein Mädchen öffnete die Tür,

Tamara sagte: Dieses Haus war mein Zuhause,

Hier habe ich meine Kindheit gelassen.

فتحتِ البابَ فتاةٌ،

قالتْ تمامُ إنَّ هذا البيتَ كان بيتَها

الذي تركتْ فيه أيامَ طفولَتِها.

Das Mädchen weigerte sich, Tamara

hereinzulassen und schloss ihr schnell

die Tür vor der Nase.

رفضتِ الفتاةُ
أن تسمحَ لتمامَ بالدخولِ،
وأغلقتِ البابَ في وجهِها بسرعةٍ.

Eine grüne Träne lief aus

Tamaras Auge.

Dann eine orangefarbene

Träne und eine blaue Träne,

Tamaras Augen weinten Tränen

in allen Aquarellfarben.

نزلتْ دمعةٌ خضراءُ

من عينِ تمامَر،

ثمَّ دمعةٌ برتقاليةٌ،

ثمَّ دمعةٌ زرقاءُ،

نزلتْ من عينِ تمامَر

دمعاتٌ بكلِّ الإلوانِ المائيةِ.

Tamara nahm einen kleinen Stein
vom Hof ihres alten Elternhauses,
Und weil sie nicht den Grundstein
nehmen konnte, nannte sie den
kleinen Stein «Traurigkeitsstein».

أخذتْ تمامُ حجراً صغيراً
من فناءِ بيتِها القديمِ،
ولأنَّها لم تتمكَّنْ من أخذِ
حجرِ الأساسِ،
سمَّتِ الحجرَ الصغيرَ
حجرَ الأسى.

Tamara setzte sich

vor das Haus

Und begann,

es auf ein Stück

Papier zu zeichnen.

جلستْ تمامُ خارجَ بيتِها
وأخذتْ ترسُمُهُ على ورقةٍ.

Während sie weinte

und mit ihren bunten Tränen malte,

liefen die Farben des alten Hauses davon.

Danach folgten sie Tamara wie einer Windbrise,

die das Herbstlaub aufwirbelt

وبينما كانتْ تبكي وترسمُ

بدموعِها الملونةِ،

صارتْ ألوانُ البيتِ القديمِ تهربُ منهُ،

وتلحقُ بها مثلَ ريحٍ خفيفةٍ

تحملُ أوراقاً خريفيةً،

Das alte Haus bekam

die Farbe kahler Bäume.

حتى صارَ البيتُ القديمُ
بلونِ الأشجارِ العاريةِ.

Das Mädchen, das im Haus lebte, eilte hinaus
und rief die Farben, sie sollen zurückkommen.

خرجتِ الفتاةُ التي تسكنُ البيتَ،
صرختِ الفتاةُ على الألوانِ أن تعودَ إليها،

Aber sie folgten Tamara, dem malenden Mädchen.

لكنَّها ذهبتْ مع تمامَ، الطفلةِ الرسامةِ،

Hinter Tamara blieb

eine einzige Farbe zurück,

eine Mischung aus wütendem Rot,

traurigem Blau und gequältem Gelb

sie vermischten sich zu einem lila Farbton,

der das Haus, das Mädchen und

die Stadt Jaffa eine ganze Nacht

lang färbte.

ولم يبقَ خلفَ تمامَ سوى لونٍ واحدٍ،

هو خليطٌ من الأحمرِ الغاضبِ

والأزرقِ الحزينِ والأصفرِ المقهورِ،

ليشكّلوا اللونَ اللَّيلكيّ

الذي صبغَ البيتَ والفتاةَ ويافا المدينةَ ليلةً كاملةً!